W0022578

Hermann Krekeler

Experimente – einfach verblüffend!

Mit Illustrationen von Marlies Rieper-Bastian
und Fotos von Hermann Krekeler

Ravensburger Buchverlag

Wir danken dem Velber Verlag in Seelze
für die Abdruckgenehmigung der Fotos,
die in der Zeitschrift „spielen und lernen“
erschienen sind.

6 99 98 97

Gesamtgestaltung: Marlies Rieper-Bastian
Umschlagfoto: Hermann Krekeler
Umschlaggestaltung: Ekkehard Drechsel
Redaktion: Elke Dannecker
Printed in Italy
ISBN 3-473-37424-5

Inhalt

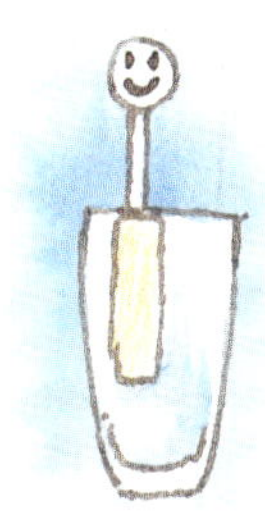

Wasserspiele

Ich wette daß...

Elemente in Aktion

Magische Kräfte

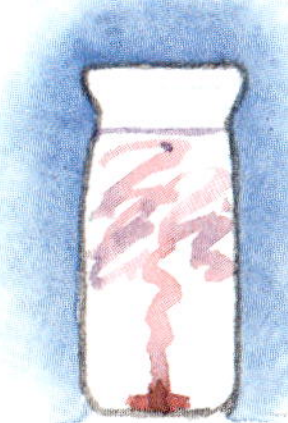

Allerlei Wirbel

Wie kommt das Wasser ins Glas?

Erst schwimmt das kleine Feuerschiff friedlich auf dem Wasser. Wenn du dann das Glas darüberstülpst, kannst du zusehen, wie der Kerzenflamme langsam die Luft ausgeht. Und mit einem Mal steigt Wasser ins Glas.
Für dieses verblüffende Schauspiel brauchst du: eine flache Schale mit Wasser, eine Walnußschale, ein Glas und eine kleine Kerze. Als erstes befestigst du die Kerze im Walnußschiffchen, indem du das Kerzenende über einer Flamme erhitzt. Fülle dann Wasser in das Schälchen. Wenn du magst, kannst du es mit etwas Tinte blau einfärben.
Entzünde die Kerze und lasse das Boot schwimmen. Und dann stülpst du das Glas darüber.

Was passiert?
Um brennen zu können, braucht eine Kerze Sauerstoff aus der Luft. Wenn im Glas aller Sauerstoff verbraucht ist, erlischt die Flamme. An die Stelle des Sauerstoffs wird Wasser ins Glas gedrückt.
Ist die Flamme aus, erkaltet die restliche Luft im Glas. Dabei zieht sie sich zusammen und schafft dadurch Platz für das Wasser.

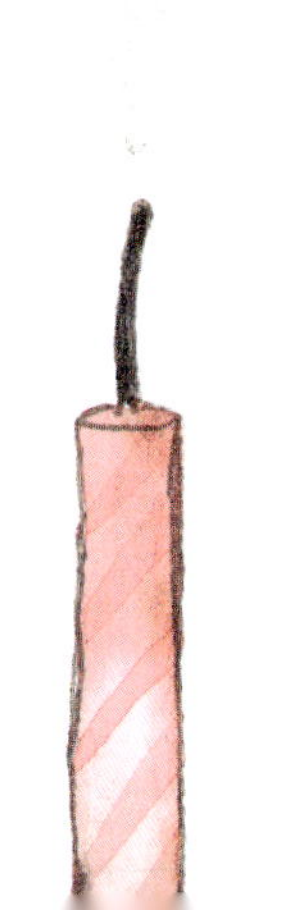

Der Trick der Schmuggler

Ein Diamantenschmuggler hat sich diesen Trick ausgedacht: Wenn das Boot vom Zoll kommt, wirft er schnell das Kästchen mit den Diamanten über Bord. Vorher aber hat er einen Ball, ein Fähnchen und ein Säckchen mit Salz daran befestigt. Das Kästchen versinkt, die Zollbeamten finden nichts.
Am nächsten Tag kommt der Schmuggler zurück. Inzwischen ist der Ball wieder aufgetaucht, und er kann seinen Schatz an Bord holen.

Stecknadel
Fähnchen
Korkscheibe
Glasperle
Grobmaschiger Stoff
zusammenheften und mit Salz füllen

An einer langen Stecknadel befestigst du ein Fähnchen, eine Korkscheibe, eine Glasperle und ein salzgefülltes Säckchen aus grobmaschigem Stoff. Alles muß gerade so schwer sein, daß es in einem Glas mit Wasser zu Boden sinkt.
Das Salzsäckchen dient als Gewicht und zieht den Schatz nach unten. Wenn sich das Salz auflöst, steigt alles langsam wieder nach oben.

Das Monster aus dem Salzsee

Vielleicht hast du schon mal ein Foto von Urlaubern am Toten Meer gesehen. Auf manchen Bildern sieht man sie auf dem Wasser liegen und Zeitung lesen. Tatsächlich trägt das Wasser des Toten Meeres einen Schwimmer viel besser als normales Wasser. Das liegt an seinem hohen Salzgehalt. Je mehr Salz im Wasser gelöst ist, desto weniger tief sinkt etwas ein, was darin schwimmt.

Sobald du einen Teelöffel Salz in das Glas mit dem Monster gibst, hebt es auf geheimnisvolle Weise sein Haupt. Durch das Salz wird das Wasser dichter, deshalb sinkt das Ungeheuer nicht mehr so tief ein.

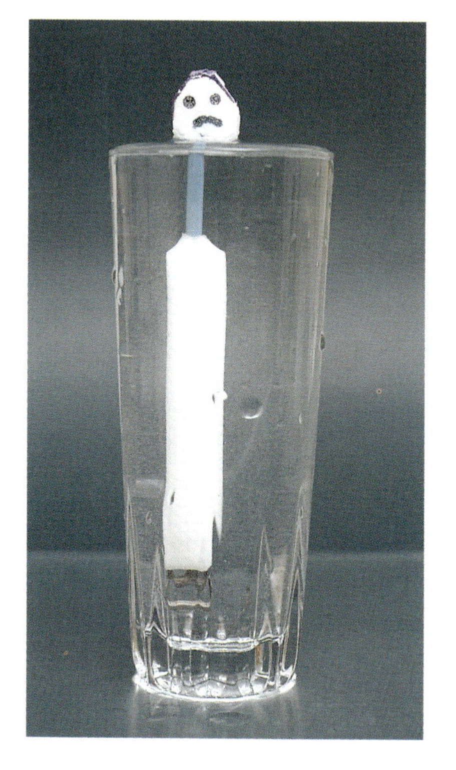

Den Kopf des Ungeheuers schneidest du aus Styropor und setzt ihn auf ein Stück Trinkhalm. Das andere Ende des Halmes schiebst du über den Docht einer dünnen Kerze. Wenn du die Kerze etwas anwärmst, läßt sich der Halm ein Stück in die Kerze drücken. Der untere Teil der Kerze wird mit einigen Reißzwecken oder Schrauben beschwert.
Laß das Ganze probeschwimmen. Es darf nur der Kopf des Monsters herausschauen. Ist die Kerze zu leicht, füge weitere Reißzwecken hinzu; geht sie unter, entferne welche. Der Trick funktioniert nur, wenn das Gewicht des Monsters genau stimmt.

Schaum aus dem Pusteautomaten

Sicher hast du schon einmal mit einem Trinkhalm kräftig in ein Glas mit Limonade oder Wasser gepustet. Herrlich, wie das blubbert! Wenn du dann etwas Spülmittel in das Wasser tust, gibt es Blasen. So viele, daß der Schaum schließlich über den Rand des Glases quillt. Noch lustiger wird das Ganze, wenn du nicht selber blasen mußt, sondern einen Luftballon für dich pusten läßt.

Ein kurzer Trinkhalm wird in einen Luftballon gesteckt und ein Stück Gummiband fest um das Mundstück gewickelt. Blase den Ballon auf und knicke das Ende des Halmes so um, daß die Luft nur langsam entweichen kann. Dann kommt das Ganze in eine kleine Flasche, die mit Wasser und etwas Spülmittel gefüllt ist.

Vorsicht, Einsturzgefahr!

Für das elegante Bauwerk, das du auf der rechten Seite siehst, brauchst du 17 Dominosteine. Versuche einmal, es nachzubauen. Auch mit einer sehr ruhigen Hand wird dir das nicht ohne weiteres gelingen. Es sei denn, du kennst den Trick mit den zwei Hilfssteinen. Mit ihnen stützt du die beiden unteren waagerechten Steine ab. Wenn der Turm steht, kannst du sie vorsichtig entfernen. Dann nämlich hält das Gewicht der oberen Steine die unteren in der Schwebe.
Geduld und nicht verzagen, falls es nicht auf Anhieb klappt.

Wer kann sechs Streichhölzer auf einer Nadel balancieren? Pikse eine Nadel durch ein Stück Pappe oder eine dünne Styroporplatte und lege das Ganze auf zwei Klötzchen.

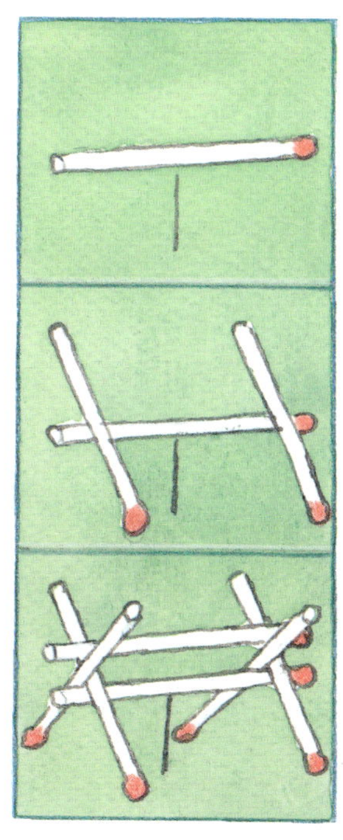

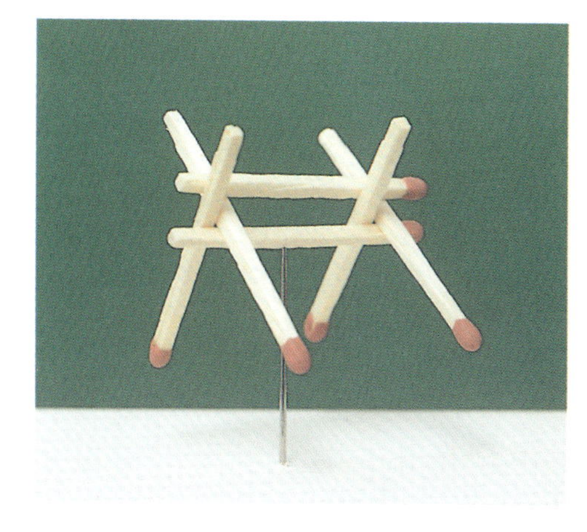

Drücke ein Streichholz auf die Nadelspitze und ordne weitere so an wie auf dem Bild. Dann die Nadel vorsichtig durchschieben, so daß die Streichhölzer frei schweben.

Kaum zu glauben!

Man könnte meinen, es handele sich um Zauberei. Dabei braucht man für dieses Experiment wirklich nur zwei Gläser, die oben weiter sind als unten, und etwas eingefärbtes Wasser. Fülle ein Glas randvoll und gib dann die Hälfte des Wassers in das zweite Glas.
Wenn du die beiden Gläser jetzt herzeigst, wird niemand glauben, daß der Inhalt des einen noch in das andere Glas paßt.

Du kannst den Trick auch so vorführen: Stecke zwei dicke Trinkhalme ineinander und knicke sie wie auf dem Bild. Stelle das volle Glas auf einen Becher, sauge etwas Wasser an und laß es in das andere Glas fließen.

Selbst jetzt meint man, das untere Glas müsse überlaufen. Man läßt sich täuschen, weil die Gläser oben viel weiter sind als unten und dort mehr Flüssigkeit fassen. Der Wasserspiegel steigt deshalb nur langsam.

Ein Berg aus Wasser

Fülle ein sauberes Glas bis zum Rand mit Wasser. Neben das Glas legst du einen Stapel Münzen.
Lasse nun einen Freund raten, wieviel Münzen du in das Wasser gleiten lassen kannst, ohne daß es überläuft. Fünf, zehn, dreizehn oder mehr?
Selbst wenn du den Versuch mehrfach wiederholst, wird jeder staunen, wieviel Geldstücke noch in das Glas passen.
Wer genau hinschaut sieht, daß sich das Wasser wie ein Berg über dem Glas wölbt.

Tatsächlich verhält sich Wasser manchmal so, als habe es eine Haut, die sich über seine Oberfläche spannt. Dann wirken die gleichen Kräfte, die auch den fast kugelrunden Tautropfen ihre Form geben.

Wieso schwimmt das?

Sicher hast du längst herausgefunden, daß Holz, Kork, Styropor und andere leichte Dinge auf dem Wasser schwimmen. Schwere Dinge dagegen gehen unter.
Mit etwas Geschick und einer ruhigen Hand kannst du aber auch Gegenstände auf dem Wasser schwimmen lassen, die normalerweise untergehen: Nadeln, Büroklammern, Spiralen aus Draht, sogar Reißzwecken und vieles mehr. Es sieht so aus, als würden die Dinge von einer Art Haut getragen. Genau wie der Wasserläufer auf dem Bild.

Der Trick gelingt nur, wenn du die Dinge ganz behutsam auf die Wasseroberfläche legst. Am besten nimmst du dabei eine aufgebogene Büroklammer zu Hilfe. Auf den waagerechten Bügel legst du das, was schwimmen soll, und läßt es am senkrechten Bügel zu Wasser. Dann kannst du die Büroklammer nach unten wegziehen.
Achte stets darauf, daß kein Spülmittel im Wasser ist. Spülmittel zerstört die geheimnisvolle Kraft, die an der Wasseroberfläche wirkt. Davon kannst du dich leicht selbst überzeugen.

Wie kommt der Ballon in die Flasche?

Wetten, daß es dir nicht gelingen wird, einen Luftballon in einer Flasche aufzublasen? Versuche es einmal.
Warum geht das nicht? Weil in der Flasche schon etwas drin ist, auch wenn man es nicht sieht – nämlich Luft.
Die Luft kann nicht heraus, weil der Ballon den Flaschenhals verschließt, sobald du anfängst zu pusten. Solange aber Luft in der Flasche ist, kann sich der Ballon nicht weiter ausdehnen.
Hier hilft nur ein Trick: Bevor du anfängst zu pusten, mußt du einen Trinkhalm in die Flasche stecken. Durch den Trinkhalm kann die Luft entweichen und Platz für den Ballon machen. Achte darauf, daß der Halm nicht geknickt wird.

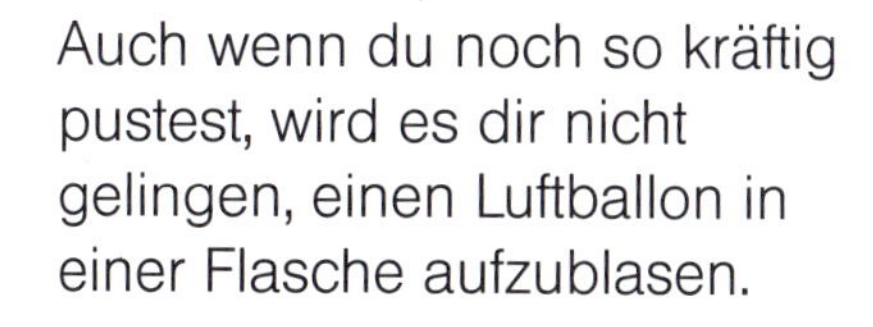

Auch wenn du noch so kräftig pustest, wird es dir nicht gelingen, einen Luftballon in einer Flasche aufzublasen.

Nur wenn die Luft aus der Flasche durch einen Trinkhalm entweichen kann, hat der Ballon genug Platz, sich auszudehnen.

Eine Kerze zeigt die Zeit

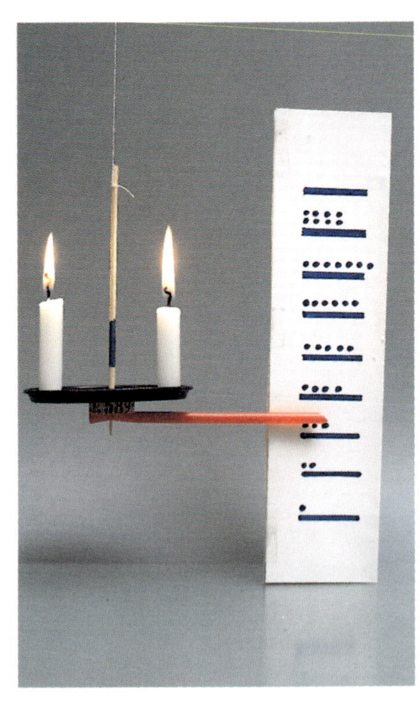

Früher, als es noch keine Uhren gab, hat man die Zeit mit Kerzen gemessen. Man brauchte nur herauszufinden, wieviel Zentimeter eine Kerze in einer Stunde herunterbrennt, dann konnte man jeweils an ihrer Länge ablesen, wieviel Zeit vergangen war.

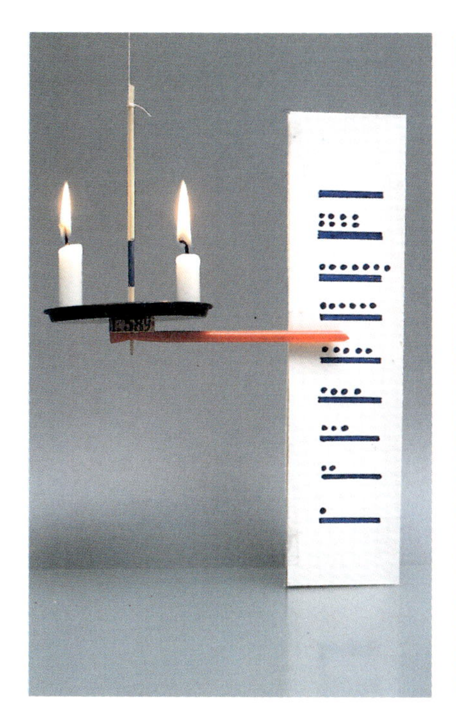

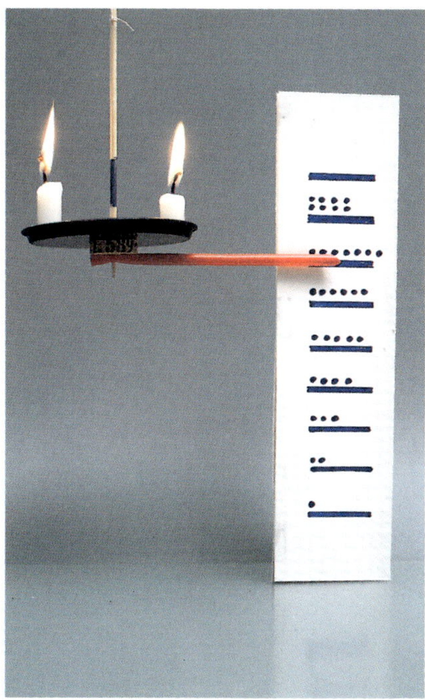

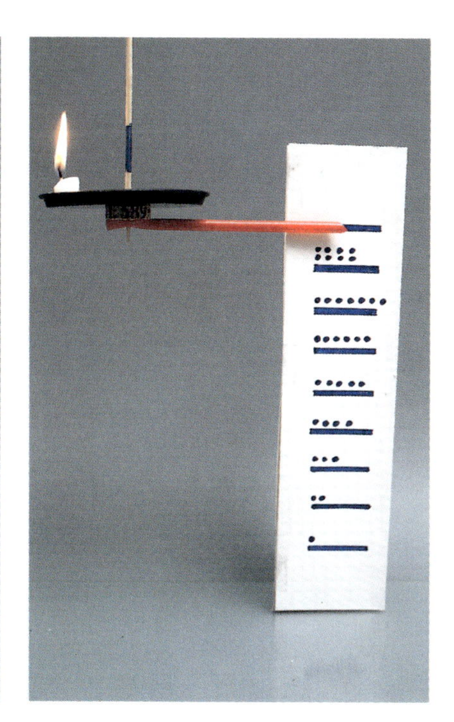

Ganz ähnlich funktioniert die Kerzenuhr, die du hier siehst. Für sie brauchst du: einen kleinen Plastikdeckel (etwa 8 cm breit), einen Trinkhalm, eine Korkscheibe, zwei Kerzen, ein langes dünnes Gummiband (je dünner, desto besser) und einen Holzspieß.

Die Skala ist auf einen dreieckigen Turm aus dünner Pappe gezeichnet.
Während die Kerzen herunterbrennen, werden sie leichter. Wie lange braucht der Zeiger von einem Strich zum nächsten?

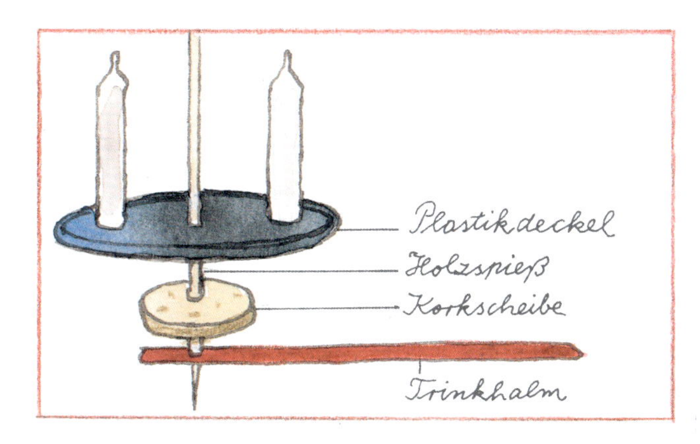

In den Plastikdeckel bohrst du genau in der Mitte ein Loch und klebst von unten eine Korkscheibe dagegen. Du steckst einen Holzspieß durch das Loch, durch den Korken und in das Ende eines Trinkhalmes. Genau so, wie du es auf dem Bild siehst. Mit heißem Wachs klebst du die Kerzen auf den Deckel. Ein Ende des Gummibandes befestigst du über einem Tisch an der Zimmerdecke. Das andere Ende machst du an dem Holzspieß fest. Das Gummiband muß gerade so lang sein, daß der Deckel knapp über dem Tisch schwebt.

Statt einer Skala kannst du auch eine Leiter auf den Pappturm malen. Am Ende des Trinkhalmes bringst du dann ein Männchen an, das die Leiter hochklettert.

Leise rieselt der Sand

Auch heute noch benutzt man Sanduhren, um die Zeit zu messen. Eine Sanduhr zeigt an, wann die Eier weich sind oder ob du dir lange genug die Zähne geputzt hast.
Ähnlich funktionieren die Sandfließbilder, die du hier siehst. Als Uhren eignen sie sich nicht. Aber jedesmal, wenn du ein solches Bild umdrehst, kannst du beobachten, wie neue überraschende Landschaften mit spitzen Bergen und tiefen Tälern entstehen.

Du brauchst:
einen rahmenlosen Bildhalter oder zwei gleich große Glasscheiben, ein selbstklebendes Gummidichtungsband (aus dem Baumarkt), feinen Sand (zum Beispiel gesiebten Vogelsand) und ein textiles Klebeband.
Halbiere das Dichtungsband und klebe es an die Ränder der einen Scheibe. In die Mitte klebst du drei kurze Stücke Dichtungsband mit kleinen Lücken (etwa 2 mm) und ein weiteres Stück unter eine der Lücken.

Dichtungsband halbieren

Fülle Sand auf eine Hälfte der Scheibe und lege die zweite Scheibe darüber. Umklebe nun alle Ränder mit textilem Klebeband.

Wenn der Sand nicht richtig rieselt, sind entweder die Lücken zu klein oder du hast den Sand nicht gut genug gesiebt.
Zum Schluß kannst du noch ein Stück buntes Papier oder eine Zeichnung auf die Rückseite kleben.

Ein Windrädchen auf dem Ballon

Früher hat man die Kraft des Windes genutzt, um Windmühlen anzutreiben. Heute nutzt man sie, um Strom zu erzeugen.
Auch in einem Luftballon ist Windenergie gespeichert. Hier kannst du sehen, wie man sie nutzen kann, um ein kleines Windrädchen anzutreiben.

Du brauchst:
einen Luftballon, Klebestreifen,
eine Stecknadel mit Glaskopf,
einen Trinkhalm und ein
Windrädchen aus festem Papier.

In einen Kreis aus festem Papier schneidest du kleine Schlitze. Die Ecken biegst du, wie auf dem Bild, nach innen und nach außen.

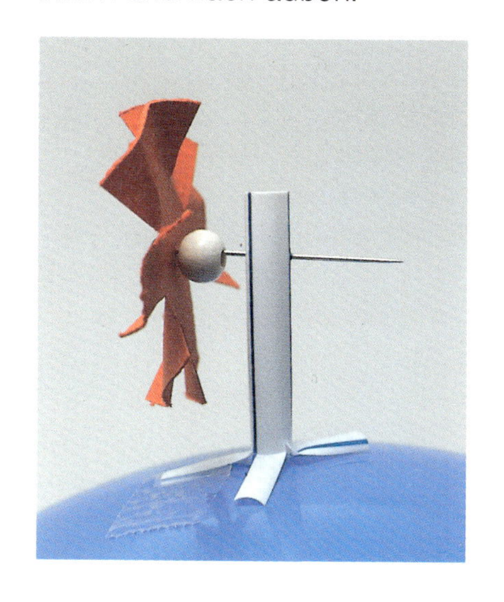

Durch die Mitte des Rädchens stichst du eine Nadel. Schneide dann ein Stück Trinkhalm so ein, daß es drei Beinchen bekommt. Durch das Ende steckst du die Nadel mit dem Rädchen. Es muß sich leicht drehen können.

Das Ganze wird mit Klebestreifen auf dem Ballon befestigt. Stich nun direkt unter dem Rädchen ein Loch in den Klebestreifen.

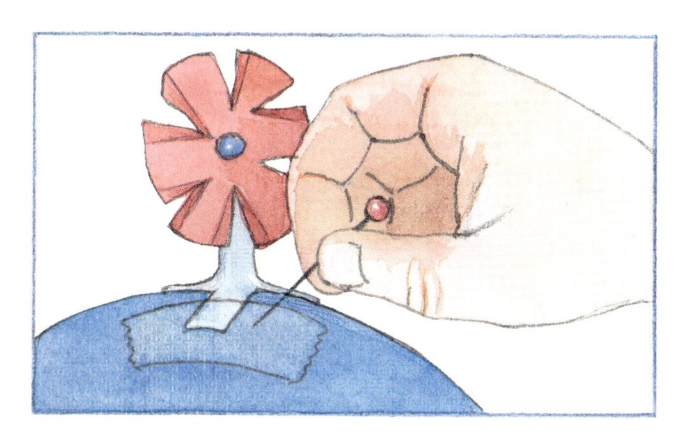

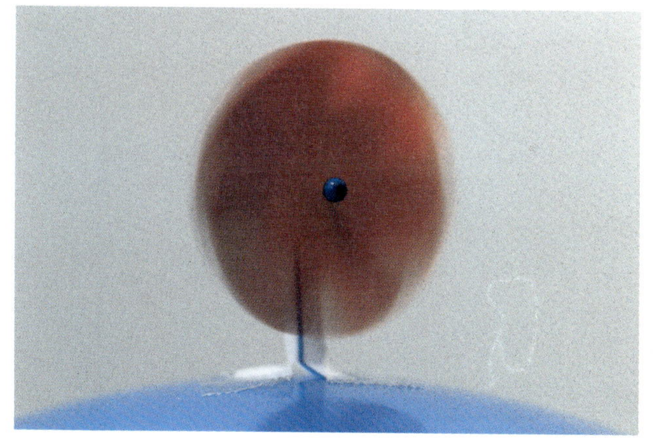

Zu deiner Überraschung wird der Ballon nicht platzen. Statt dessen setzt die ausströmende Luft das Windrad in Bewegung.

Wenn du beim Verknoten des Ballons den Wulst nur halb durch die Schlinge ziehst, kannst du ihn wieder öffnen und den Ballon mehrfach verwenden.

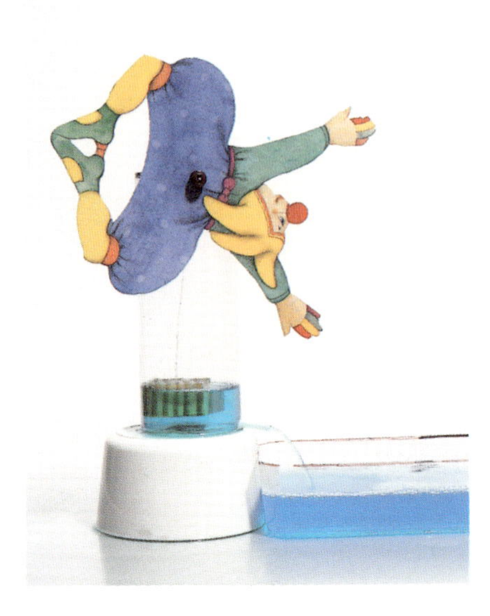

Der Dreh mit dem Clown

Hier dreht sich ein lustiger Clown in der Luft, und zwar so lange, bis alles Wasser aus dem Behälter geflossen ist. Früher hat man auf diese Weise Wasseruhren gebaut, die dann die Zeit angezeigt haben.

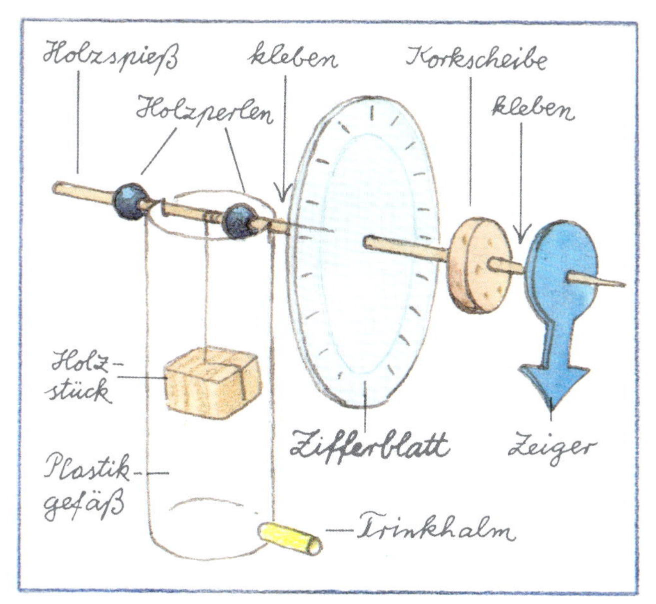

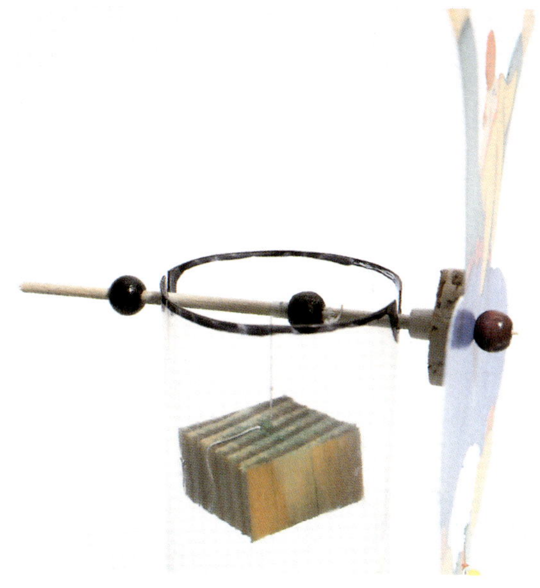

Schneide von einer Plastikflasche den Hals ab. Knapp über dem Boden klebst du ein Stück Trinkhalm in ein kleines Loch. Oben kommen zwei Kerben in den Rand, in denen sich ein Holzspieß leicht drehen kann.
An ihm befestigst du einen Faden mit einem Holzstückchen und eine Korkscheibe mit einer Figur. Damit der Holzspieß nicht verrutscht, kannst du ihn mit Holzperlen sichern.

Bevor du Wasser in das Gefäß gibst, mußt du den Faden aufwickeln. Mit dem Wasser sinkt das Holzstück und setzt den Clown in Bewegung.

Du brauchst: eine Plastikflasche, einen Trinkhalm, einen Holzspieß, drei Holzperlen, einen Faden, ein Holzstückchen, eine Korkscheibe und eine Spielfigur (z. B. Clown).

Der magische Luftballon

Vielleicht hast du das schon einmal ausprobiert: Du bläst einen Luftballon auf, dann streichst du mit ihm über einen Wollpullover. Der Luftballon hat jetzt eine geheimnisvolle Anziehungskraft. Er haftet an der Wand, an der Zimmerdecke oder auf deinem Kopf.
Die gleiche Kraft zieht auch kleine Papierfiguren an und läßt sie an dem Ballon haften. Nach einiger Zeit läßt die Kraft nach, und die Männchen purzeln wieder herunter.

Um den Ballon aufzuladen, reibst du ihn zum Beispiel an einem Wollschal.
Die Männchen schneidest du mit einer scharfen Schere aus Seidenpapier. Je leichter sie sind, desto besser.

Das magnetische Orakel

Dieses Orakel kann dir zum Beispiel sagen, welches Tier zu dir paßt oder wen du zu deinem Geburtstag einladen sollst. Du kannst es auch wie einen Würfel benutzen.

Du brauchst: 1 Joghurtbecher, 2 passende Deckel, 1 Stricknadel, 8 Reißzwecken, Pappe, Korkscheibe, Klebeband, einen starken Büromagneten.

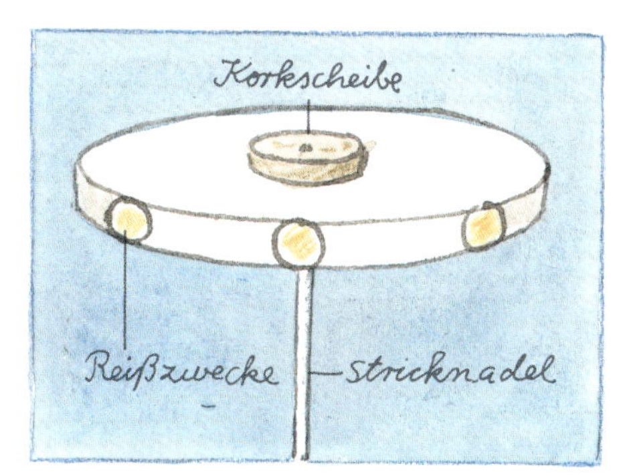

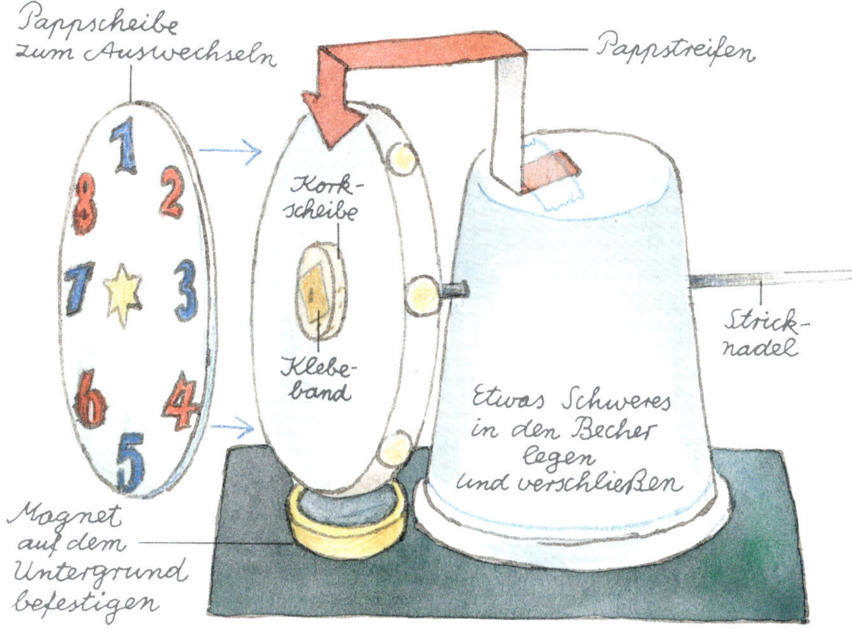

Mit doppelseitigem Klebeband befestigst du auf dem Deckel eine Korkscheibe und steckst von unten eine Stricknadel hinein. Durch den Deckelrand drückst du acht Reißzwecken. Die Nadel stichst du so durch den Becher, daß sich der Deckel knapp über dem Magneten befindet. Vergrößere die Löcher, bis sich der Deckel leicht drehen läßt. Lege etwas Schweres in den Becher und verschließe ihn. Auf der Korkscheibe befestigst du mit doppelseitigem Klebeband einen Papierkreis mit Namen oder Zahlen. Damit du ablesen kannst, was das Orakel anzeigt, klebst du mit Klebestreifen einen Zeiger aus Pappe auf den Becher, so wie du es auf dem Bild siehst.

Wenn du alles richtig gemacht hast, kommt der Deckel immer genau über einer Reißzwecke zum Stehen, weil sie von dem Magneten angezogen wird. Wenn der Abstand noch nicht stimmt, lege Pappe unter den Becher oder den Magneten.

Spring Delphin, spring!

Sand rieselt auf eine Wippe.
Plötzlich springt ein Delphin aus den Wellen und taucht wieder unter. Und gleich nochmal…

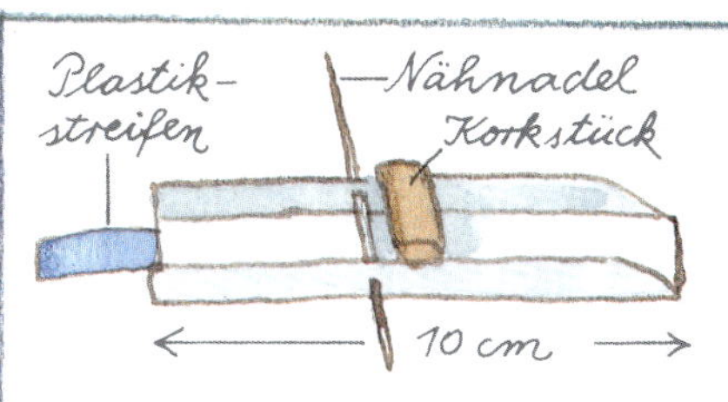

Die Wippe wird aus Pappe gefaltet. In die Mitte kommt ein passendes Korkstück. Am Ende befestigst du einen Streifen Plastikfolie.

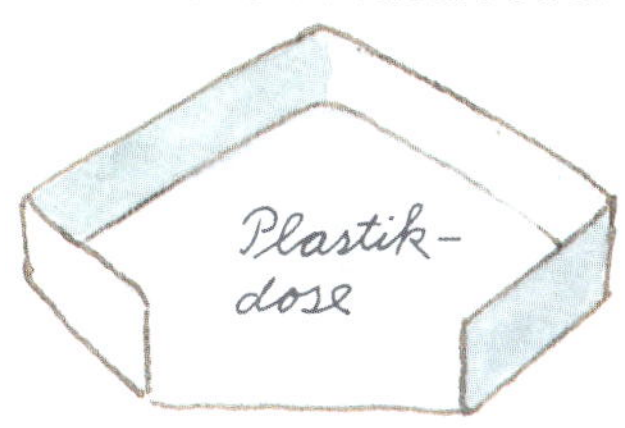

Der Sandbehälter wird aus der Ecke einer flachen Plastikdose gemacht. In die Spitze kommt ein Loch, vorne wird sie mit Pappe oder Folie verschlossen.

Alles wird auf der Rückwand montiert. Diese ist durch Korkscheiben mit der Vorderwand verbunden.

Mit einer Nähnadel wird die Wippe unterhalb des Sandbehälters auf der Rückwand befestigt. Pikse die Nadel durch beide Pappstücke. Damit sich die Wippe gut drehen kann, kommt eine Holzperle zwischen Wippe und Rückwand. Oberhalb des Plastikstreifens hält eine Nadel die Wippe im Gleichgewicht. Montiere sie so, daß sich die Wippe dreht, sobald genug Sand auf die rechte Seite gerieselt ist.

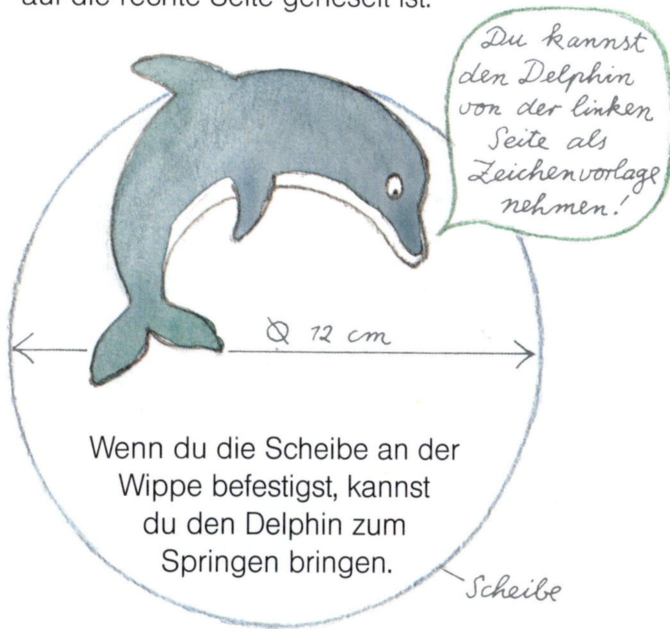

Wenn du die Scheibe an der Wippe befestigst, kannst du den Delphin zum Springen bringen.

Erbsen-spuk

Hilfe, es spukt! Hörst du auch das Geräusch – klack, klack, klack? Was da so seltsam klingt, ist aber kein Gespenst. Es sind harmlose Erbsen oder Mungbohnen, die auf einen Blechdeckel fallen.
Fülle ein Glas mit Erbsen, gib Wasser dazu und stelle das Glas auf einen Deckel. Dann kannst du das Ganze zum Beispiel im Wohnzimmer verstecken.
Nach einiger Zeit sind die Erbsen so weit gequollen, daß im Glas kein Platz mehr ist und die ersten geräuschvoll auf den Deckel fallen. Wenn du von Zeit zu Zeit Wasser nachfüllst, dauert der Spuk mehrere Stunden.

Ingredientes: Harina de trigo, Mantequilla, Azucar, Huevos, Coco Sal, Pasas de
Salt, Currants, and natural Flavour.

Die schwebende Büroklammer

Es sieht wirklich aus wie Zauberei. Scheinbar schwerelos tanzen Büroklammern, Reißzwecken, Drahtstücke und Sicherheitsnadeln in dem kleinen Schaukasten – wie gasgefüllte Luftballons an der Schnur.
Sicher ahnst du schon, welche Kräfte da am Werk sind. Richtig: Oben im Schaukasten sind kleine Magnete verborgen. Ihre Anziehungskraft hält die Gegenstände in der Schwebe. Das funktioniert natürlich nur mit Dingen, die aus Eisen sind oder zumindest Eisen enthalten.

Am besten eignen sich Magnete aus Schnappern für Küchenschränke (gibt es in jedem Baumarkt). Sie lassen sich leicht aus der Halterung lösen und an die Decke des Schaukastens kleben.

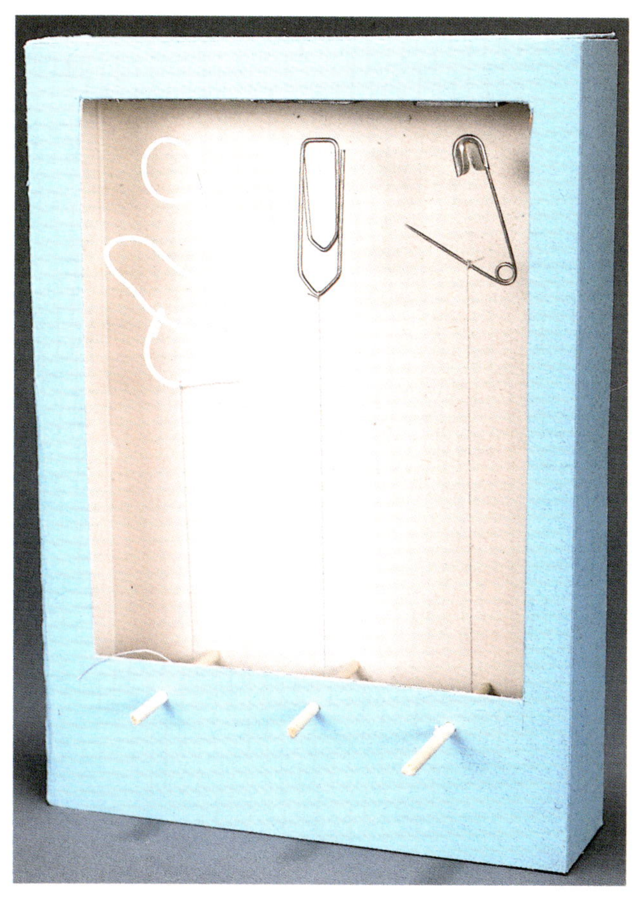

Der Schaukasten ist eine flache Schachtel, in die du ein Fenster schneidest (wie auf dem Bild). Durch den unteren Fensterrand werden zwei oder drei Zahnstocher gepikt. Daran befestigst du die Haltefäden (mit Knoten und Klebstoff). An die Enden der Fäden kommt, was schweben soll.

Wenn du nun an den Zahnstochern drehst, kannst du die Fäden so weit spannen, daß sich die Dinge vom Magneten lösen und frei schweben können.

Unter-wasser-Rauchkringel

Für dieses Schauspiel brauchst du: ein feuerfestes Glasgefäß, ein Teelicht, zwei Holzklötze, etwas Tinte und ein Saugröhrchen aus einem Strohhalm. Baue alles so auf wie auf dem Bild.
Mit dem Röhrchen gibst du vorsichtig etwas verdünnte Tinte auf den Grund des Glases, das mit Wasser gefüllt ist.
Die Kerzenflamme erhitzt die Tinte und läßt sie nach oben steigen.
Wenn alles klappt, bilden sich farbige Wolken und Kringel, die sich allmählich im Wasser verteilen.

In einen Trinkhalm schiebst du einen Holzspieß, um dessen Spitze du etwas feuchte Watte gewickelt hast. Wenn du am Spieß ziehst, kannst du Tinte in das Röhrchen saugen, wenn du ihn hineinschiebst, kommt die Tinte Tropfen für Tropfen wieder heraus.

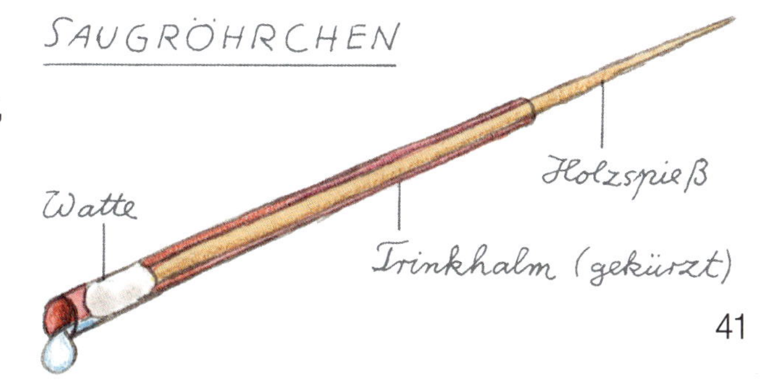

Gut gemischt

Wenn du einen Teelöffel Salz in ein Glas Wasser gibst und gut umrührst, kannst du beobachten, wie sich das Salz nach und nach vollständig auflöst. Es verteilt sich im Glas, und das Wasser bleibt klar. Das gleiche geschieht, wenn du Salzwasser in Leitungswasser schüttest.
Salz hat die Eigenschaft, sich sofort mit allem Wasser zu vermischen, mit dem es in Berührung kommt. Es gibt erst Ruhe, wenn es sich darin ganz gleichmäßig verteilt hat.

Wie das vor sich geht, kannst du bei diesem Experiment beobachten. In der oberen Flasche ist Salzwasser, in der unteren eingefärbtes Leitungswasser. Um sich zu vermischen, müssen die Flüssigkeiten durch den engen Flaschenhals. Das Salzwasser sinkt nach unten, und das farbige Wasser steigt auf.

Löse in einem Krug mit Wasser mehrere Löffel Salz und fülle das Salzwasser in eine kleine Flasche. Eine zweite gleich große Flasche füllst du mit eingefärbtem Leitungswasser.

Auf die Flasche mit dem Salzwasser legst du nun ein Stück Pappe. Halte es gut fest, drehe die Flasche um und stelle sie kopfüber auf die andere Flasche – am besten über einem Spülstein oder Waschbecken.
Ziehe behutsam den Pappstreifen heraus oder bitte jemanden, es zu tun, während du die Flaschen festhältst. Sofort beginnen die beiden Flüssigkeiten ihre Plätze zu tauschen und sich zu vermischen.
Nach einiger Zeit hat der Inhalt beider Flaschen die gleiche Farbe angenommen.

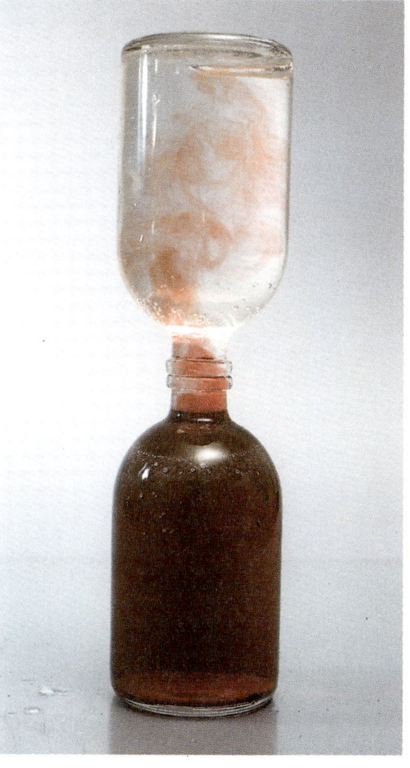

Sandsturm im Wasserglas

Wer in der Wüste von einem Sandsturm überrascht wird, muß um sein Leben fürchten. Feinster Sand wird derart durch die Luft gewirbelt, daß man nicht mehr die Hand vor Augen sehen kann und schnell die Orientierung verliert.
Ganz so dramatisch geht es hier bei diesem Schauspiel nicht zu. Trotzdem ist es sehr eindrucksvoll und läßt sich beliebig oft wiederholen.

Du brauchst dafür nur: ein Glas, das sich verschließen läßt, Wasser, etwas Sand und eine Spielzeugfigur oder ein Häuschen oder Muscheln oder einen Schatz…

Fülle ein Glas mit Wasser und Sand. Umrühren, etwas warten und das Wasser abgießen. Frisches Wasser einfüllen und so lange wiederholen, bis das Wasser ganz klar bleibt. Jetzt gibst du noch ein oder mehrere interessante Dinge dazu. Deckel drauf und einmal kräftig schütteln.

Blubber-pulver

Das Blubberpulver für diesen Trick wird aus Zitronensäure und Natronpulver gemischt. Beides sind harmlose Substanzen, die es in der Apotheke gibt.
Verrühre sie trocken zu gleichen Teilen und fülle die Mischung in den Schraubdeckel einer Flasche.
Laß den Deckel in einem Glas mit Wasser schwimmen und decke einen tiefen Suppenteller darüber. Drücke den Teller fest auf das Glas und drehe beides mit etwas Schwung um.

Sobald sich das Pulver im Wasser auflöst, beginnt es zu blubbern. Es bilden sich viele kleine Blasen, und alles Wasser wird aus dem Glas gedrückt.
Noch dramatischer sieht das aus, wenn du etwas Tinte ins Wasser oder in den Deckel mit dem Pulver gibst.
Du kannst das Blubberpulver, vermischt mit etwas Tinte, auch in eine kleine Plastikdose füllen. Stich vorher mit einer spitzen Schere ein paar Löcher hinein und beschwere sie mit kleinen Glasmurmeln, damit sie untergeht. Sobald Wasser in das Döschen dringt, beginnt ein aufregendes Schauspiel.